물에 젖지 않는 그림자

물에 젖지 않는
그림자

노정순

초판 발행 2025년 11월 3일
지은이 노정순
펴낸이 안창현 **펴낸곳** 코드미디어
북 디자인 Micky Ahn
등록 2001년 3월 7일
등록번호 제 25100-2001-5호
주소 서울시 은평구 갈현로 318-1 1층
전화 02-6326-1402 **팩스** 02-388-1302
전자우편 codmedia@codmedia.com

ISBN 979-11-93355-44-2 03810

정가 12,000원

이 책의 판권은 지은이와 코드미디어에 있습니다.
잘못 만들어진 책은 교환해드립니다.

RAINBOW | 125

물에 젖지 않는 그림자

노정순 시집

詩人의 말

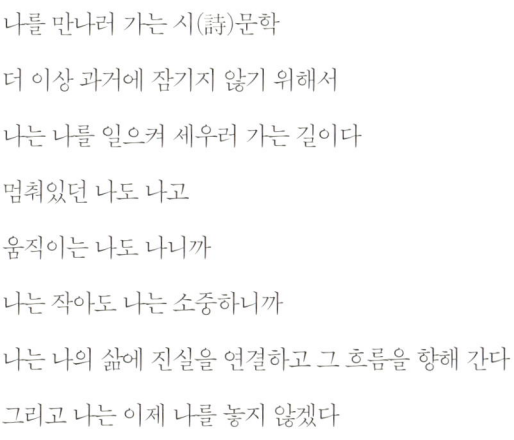

나를 만나러 가는 시(詩)문학

더 이상 과거에 잠기지 않기 위해서

나는 나를 일으켜 세우러 가는 길이다

멈춰있던 나도 나고

움직이는 나도 나니까

나는 작아도 나는 소중하니까

나는 나의 삶에 진실을 연결하고 그 흐름을 향해 간다

그리고 나는 이제 나를 놓지 않겠다

2025년 늦가을
노정순

차례　　　　　　　　시인의 말 · 4

1부　봄 오는 소리

유리잔의 오후 _14

연지원에서 _15

소쩍새 _16

아프지 마 _17

왜 울어 _18

배움의 수행 _19

말 _20

단풍잎이 굿판을 버린다 _21

네 남매 _22

유년 시절의 놀이터 _23

초가리 _24

봄 오는 소리 _25

수면 위로 올라온 나 _26

향동에 안개가 자욱하다 _27

그냥 지나가게 두어라 _28

2부   너울성 파도 물매질

오월의 고향 언덕 _32

칠순 이야기 _34

아프다 _35

거울 속의 어머니 _36

할머니 속 고쟁이 창고 _37

검정 실타래 간이역 _38

늦가을 불면의 아침 _39

내 속내를 흔들던 사람들 _40

농부의 딸 _41

세월의 결 따라 열린 문 _42

한 땀 한 땀 인생을 짓다 _44

그땐 그랬었는데 _46

물꼬를 트다 _48

너울성 파도 물매질 _49

기다림의 문 앞에서 _50

차례

3부 꿈속 이야기

오후 3시 향도에서 _54

음력 시월 시사 _56

한 겨울나기 _58

칠순 노인 _60

그해 금토동 밭고랑 _62

불두화 _63

멈춰 있었던 나에게 _64

산모롱이에 마른 바람이 분다 _66

꿈속 이야기 _68

마포 나루 _70

사월호수공원 _71

능수화 미소 _72

꿈은 가랑잎에 묻히다 _74

봄 창칼 춤을 춘다 _76

그림자와 화해 _78

4부 고요한 깊이에서

찐빵이 된 너를 발견하다 _82

다래 넝쿨 그늘 아래 _84

종일 부재중 _86

당신은 누구신가요 _87

육군 도화 부대 사잇길 _88

노점 판에 장난감 _90

또루루 나를 유혹하지마 _92

경계를 푼 움막 _93

팝콘 냄새 _94

사랑스러운 너에게 _95

고요한 깊이에서 _96

이 열차는 수서 행입니다 _98

늦은 저녁 밥상 _100

신문리 항준이 친구 _102

정월 대보름달 _104

차례

5부 존재의 강가에서

위장 도로 _108

존재의 강가에서 _109

올무 _110

물에 젖지 않는 그림자 _113

돌꽃 _114

고주박이 한 입 _116

그리운 어머니 _118

이제야 불러 봅니다 _120

어머님께 올리는 마음 한 자락 _122

밭고랑 깻단 터널에서 _124

그 밤의 별이 되다 _126

풀잎에 바람이 앉던 날 _129

아버지 뵙고 싶습니다 _132

아버님의 임종 _134

나를 만나는 순간 _136

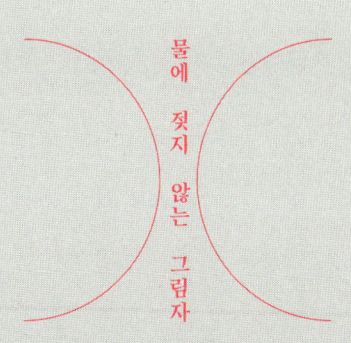

물에 젖지 않는 그림자

언어에 꽃향기를 피우고

그냥 지나가게 두어라

-「그냥 지나가게 두어라」중에서

1부

봄 오는 소리

유리잔의 오후

빛의 결

유리창을 건너온 빛살이
유리잔을 비스듬히 건넌다

물결이 가만히 흔들리고
그 안에 고인 시간이 미소 짓는다

나는 이 세상 모든
평화를 마시는 중이다

연지원에서

빛의 숨결

따사로운 햇살이
노인 어깨를 어루만지며 머물다

그저 가만히
흔들림 없는 손바닥으로 토닥거리다

살아 있다는 것이
아무것도 요구하지 않을 때

소쩍새

어둠이 깊은 잠이 들었다
산기슭에 바스락거리던 가랑잎도 이슬에 잠겼고
산짐승들도 잠에 취한 새벽녘

허상을 파헤치는 소쩍새 한 마리
까만 숲을 파헤친다
풀벌레 우는 마음은 아랑곳하지 않고

아프지 마

그를 만나면
할 말이 참 많았는데

아프지 마
아프지 마

이 말만 되풀이하고 있다

왜 울어

왜 울어
기쁨 슬픔 아픔이 파도친다

그녀는
마음을 꾹 눌러 안추르다

살아 있음에 감사해
살아 있어 줘서 고마워

배움의 수행修行

설산雪山을 녹이는

심정心情으로

배움 수행修行 정진에 힘쓰다

말

늦가을

누렇게 농익은
엉겅퀴 말 가시에 찔리고 말았다

쓰라린

말의 상처가
도토리 껍데기 생즙 짜내는 듯하다

뾰족한 말에
뾰족한 대응책이 없구나

토닥토닥

단풍잎이 굿판을 버린다

오색 단풍잎이 창가에 휘날린다

유리창 밖엔 청 적 황 백 흑
오방기가 휘날리며 굿판을 벌인다

오색 오케스트라 아름다움의 무대
과거와 현시대 그리고 미래의 숨결
깃발을 흔들며 전통문화 축제 공수가 내린다

낙엽이 떨어져 새순의 자양분이 되듯이
자신을 불태워 향기로운 꽃을 피워내라는

홍수 맥이 삼재풀이 대수대명 액운을 막는
굿판이 무르익어 갈 때

우주 만물의 행운을 기원하는
오방午方 단풍잎 공수가 쏟아진다

伍色 단풍잎이 굿판을 버린다

네 남매

네 남매
시골 풍경과 푸른 하늘 아래 맨발로
흙바닥을 누비며 유년 시절을 보냈다

지금은
각자 다른 도시의
창문을 열어 아침을 맞이하고 살아간다

부모로부터
물려받은 유전遺傳으로
남동생들은 아버지를 닮아가고

그녀도
어머니 얼굴을 닮아간다

유년 시절의 놀이터

유년 시절 놀이터는
마당도 골목도 학교도 아니었다

논두렁과 밭고랑 아니면 엄마가 일하는
이랑 사이 어디쯤이 나의 놀이터이자
세상을 배우는 배움터였다

어머니가 마을 품앗이 가는 날
초등학생인 나는 밥을 해놓고 빨래를 하고 꼴 베고
동생들 챙기고 책보다 먼저 배운 것은
가난을 체험했던 것이다

어머니를 위해 돕던 땀방울이 모여
삶에 근간이 되었고

노인이 되어 돌이켜 보니
힘들었지만 내면의 단단함이 자라 난 것이다

자연 속에서 배운
유년 시절의 인내심이 자라나
흔들리지 않는 내면의 뿌리가 내린 것

초가리

밤낮 붓 초가리*를 묶습니다

배꼽마당에 초록 탯줄 금줄을 쳤습니다

삶의 가치를 찾아가야만 합니다

초롱초롱 빛나는 샛별을 위해서 말입니다

그대가 붓대를 깎아야 하는 까닭입니다

아름다운 꽃을 피우기 위한 이유입니다

---
* 초가리: 붓 모(毛)

봄 오는 소리

봄은
어름장을 깨부수며 온다

봄은
잔설 녹이고
파랑새를 불러온다

봄은
청자빛 물가에
버들강아지 손을 잡고 온다

봄은
파릇파릇한 분 칠을 하며 온다

봄은
연분홍 꽃비를 내린다

수면 위로 올라온 나

한때 나는 물 아래 있었다
움직임도 없이 말도 없이

빛은 있었지만 닿을 수 없었고
기회는 있었지만 두려웠다

그러던 어느 날
내가 나를 보았다 움직이지 못하는 나를
늘 누군가를 기다리는 나를

나는 물속에 자갈을 정리하고
어둠을 헤치고 올라와 그림자를 접었다
깊은 물길에서 나를 찾아낸 것이다

그리고 지금 움직이는
나의 심장 소리를 듣는다
다시 뛰기 시작한 나

움직이지 않던 내가
칠순이 넘어서야
빛에 닿기 위한 연습을 한다

향동에 안개가 자욱하다

패딩점퍼 벗어 던진 향동의 4월이다
이른 아침 투명 안개 속에 묻힌 신도시 일대
명주실로 곱게 짜여진 안개 비단 새벽 공기
마을 전체가 안개꽃 속에 묻힌 듯 아렴풋하다
무의식적 유리창 밖에 시선을 두는데
자연의 묘한 풍경이 눈앞에 펼쳐져 있다
그녀는 그 신비경의 경치에 빠져들어 가 본다
소복단장하고 희부연 버선발이 새벽빛에 묻힌 듯
그녀는 창가에 배슷이 기대어 서성인다
새벽 안개가 하늘나라로 귀향하기 전
군붓질 공 드려 시詩폭에 옮겨 담고 있는데
깊숙이 내려앉은 새벽이 서서히 일어선다
자연의 경이로움이 허공을 가른다
하얀 숲속에 쌓인 향동 마을이 신비경에 빠져들었다

그냥 지나가게 두어라

평안한 마음 위에 깃드는
기이한 바람은
지나가는 구름처럼
그냥 흘려보내도 괜찮다

감사하는 마음으로
늙어가는 모습이 아름답듯이

내 입가를 벗어난 말은
분명 내 말이 아니다

그 말이 머무는 장소는
상대방의 심장이거나
상대방의 마음 밭이거나

언어에 꽃향기를 피우고
그냥 지나가게 두어라

삶이란 지나가는 바람 같은 것
인생이란 허공에 떨어지는 꽃잎인 것을
구름같이 지나가는 것이 인생인 것을

-「늦가을 불면의 아침」중에서

2부

너울성 파도 물매질

오월의 고향 언덕

초록 물 우리는 오월의 고향 언덕에
햇살은 보리밭 사이로 힘차게 달려왔었지
누운 들판을 쓰다듬고 달려오는 꽃 바람

오월이 찾아오면 내 고향엔
보리꽃이 하얗게 피어났었는데

보리밭 끝자락에
밀 이삭처럼 누런 빛깔이 단단해질 때
초등학교 친구들의 웃음소리
구름 따라 바람 따라 떠나지 못한 채
보리꽃 사이로 뒤돌아 온다

오월이 왔을 뿐인데
보리꽃 송이들이 피어났을 뿐인데
그 길 위에 서 있는 그녀 마음에 초록 물결 친다

울려 퍼지던 초등학교 종소리 풀빛 숨결
세월이 내려놓고 간 고향의 푸른 그리움이다

누가 말했을까

가장 평화로운 풍경은 고향 산천이라고

들녘과 하늘에 일렁이던 녹색 구름 노친 가슴에 파도를 친다

칠순 이야기

나는 올해 칠순 상을 받았다

내 나이 열아홉에
첫아들을 품에 앉었고
여린 가슴에 앉긴 아가를 위해 모유 수유 서툰 손길
엄마라는 이름표를 가슴에 달았다
준비되지 않은 어미가 되었고
엄마라는 커다란 옷을 몸에 걸친다

세월은 흘렀다
두 아들은 철부지 엄마 그늘아래서
학교를 다니면서 응석을 부리기도 하며

사랑하는 사람을 만나 결혼을 하고
자식을 낳았다
이제 그들도 누군가의 아버지가 된 것이다

그 사내들은 내 인생의 전부이며
칠순까지 살아온 이유가 되었다

아프다

아프다
부처를 닮은 청춘이
용광로 불꽃 달구던 보물 1호가
어느 날 둑길에 풀썩 눕고 만다

아무것도 손에 잡을 수 없다
눈만 멀뚱거리다가 쓰러진다
그 모습을 바라볼 수 없어 뒷전에 시선 돌린다
절름대는 마음 한 켠에 애절함 봉인한다

가난의 고통이야 견딜 수 있었다
뜸이 덜 들은 보리밥처럼
서걱거리는 바위너설* 극터듬고** 볼 일이다
선명해지는 아픈 기억 애써 다독인다

시간은 흘렀어도
마음은 그 자리에 머물러 있다

---
* 바위너설: 삐죽삐죽 험한 곳
** 극터듬다: 간신히 붙잡고 오른다

거울 속의 어머니

어느덧 새하얀 세월 꽃이
그녀의 머리에 만개했다

요즘 거울 앞에 설 때면 멈칫멈칫한다
언제부터였을까 분명 내 얼굴에
어머니 얼굴이 겹쳐 보이기 때문이다

늙어 간다는 것은
어머니를 닮아 간다는 것이다
엄마를 닮았다고 생각하지 않았었는데

거울은 그냥 옷매무새를 가다듬는
도구일 뿐이라고 하지만 언제부터일까
거울 앞에 서면 어머니가 먼저 와 있다

거울은 진실을 비춘다는데
때로는 기억을 비추고 있는 것이다

칠순 언덕을 넘어서 가는 길목에
어머니가 미소 짓는다

할머니 속 고쟁이 창고

감나무잎 새순이 반짝반짝
실눈을 틔우던 어느 봄날 오후

똥 머리를 정갈하게 묶어 올리시고
검정치마 하얀 적삼
단아하시던 할머니

삽작걸에서 예 정순아 부르신다
목소리가 들리는 곳으로 달려갔는데
속 고쟁이에 보물창고 문이 열리고
고소한 냄새가 달려든다

할머니는 알록달록한 과자를 내 손에 꼭 쥐여 주며
정순아 맛있지 체할라 천천히 먹어라
어깨를 쓰담 거리시던 할머니

동네잔치가 열리는 날이면
할머니는 고쟁이에 비밀 주머니를 만든다

검정 실타래 간이역

雪산에 자란 수목
생애 굴곡을 넘어 서 보니
장엄한 두엄 산 만 창궐하다

도도라진 여백을 채색하는 검은 실 꼬리
시시각각 時時刻刻
흉금을 털어 가며 북 치고 장구 치고
시방도 공연은 성황리

히아신스꽃 향기
그루터기 간이역을 메우고
검정 실타래 봄바람에 풀어 날린다

보은 대추 물이 든
청정 지역 햇살을 깁고

청자 제비꽃 나지막이
自然의 부름에 바스락 고개 내민다

늦가을 불면不眠의 아침

고요한 아침 햇살이 집안 곳곳에
거침없이 들어와 앉았다

고구마 하나 감자 하나 찐 달걀 하나 믹스커피 한잔
맑은 햇살 방문객과 마주 보고 앉아
늦가을 불면의 아침을 맞이한다

삶의 밀림을 뚫고 일각일각의 세월이
살같이* 지나가고 머리엔 백발이 무성한데
세월의 그림자가 믹스커피 찻잔 속에 일렁인다

삶이란 지나가는 바람 같은 것
인생이란 허공에 떨어지는 꽃잎인 것을
구름같이 지나가는 것이 인생인 것을

리어설 없는 삶의 인생 공연
한 편의 시가 되었다가 소설이 되고 전설이 되었다
그럼에도 불구하고 살아 볼 가치가 있는 세상이라고
단호하게 외친다

---

* 살같이: 쏜 화살같이 같이 매우 빠르게

내 속내를 흔들던 사람들

나는 늙고 세월은
수많은 기억을 저장해 두고 지나갔다
아름다운 기억보다 나를 아프게 했던
말들과 표정들이 살아서 움직이는 듯하다

그때 그 사람들은 지금 어디서
어떻게 살아가고 있을까

나는 그들을 용서했나
나는 나를 용서했나

그들은 아직도 내 마음 어딘가를
붙들고 있는 것은 아닐까
이제는 그 기억들을 놓아주고 싶다

마음은 여전히 살아 있고
불현듯 요동치는 속내다

닫혔던 마음에 문을 활짝 연다
덜어내고 놓아버리고 털어버리고
나 자신의 내면에 대청소를 하는 중이다

농부의 딸

흙모래가 날리던 1960년대 중반쯤 그 시절 어머니는 쉴 틈 없이 호밋자루 친구 삼아 들 밭을 향하셨고 어린 나는 어머니 옆을 따라다니며 작은 일손을 보탰다 호미를 쥐고 때로는 낫을 들고 김을 매고 풀을 뽑는 등 볕이 따갑게 내리는 한 낮엔 호두나무 그늘 아래서 젖은 땀을 말리곤 했는데 어머니는 맏딸 머릿결을 뒤집어 가며 이를 잡으면 나는 어머니 무릎 위에서 곤한 잠이 들었던 유년 시절의 기억이 있다 초등학교 다니던 시절 결석이 잦았고 배움에 대한 욕심은 많았지만 그보다 도 시급한 것은 맏딸로서의 무게다 아침이 밝아오면 어머니와 아궁이에 불을 지피고 소여물을 끓이고 동생들 아침을 준비하는 등 어머니를 도와야 된다는 생각이 먼저 들었다 생각해 보면 그 시절 고단함이 지금 내가 살아가는 삶의 뼈대가 되었던 것이다 그리고 인내忍耐와 침묵 묵묵함이 몸속 깊이 스며들었고 동생들을 먼저 생각하고 어머니를 도와드려야 된다는 생각이 초등학교 시절에 자연스럽게 익혔다 그 시절 그 고단함이야말로 지금 내가 설 수 있는 토대가 되었다

세월의 결 따라 열린 문

주름진 늙은 손끝엔 굳은살 대신
기억이 박혔다 아가들의 울음소리 웃음소리
첫걸음마 첫 입학 첫 혼례 등
그 모든 날들이 주름 속에 집을 짓고 살아간다

공장에 쇠 부딪치며 기계 돌아가는 소리
직원들의 숨결이 마음에 결을 내고 쌓였다

닫은 줄 알았던 그 문을 이따금
아니 자주 슬며시 열어보곤 하는데
그 문 밖엔 떠난 것들이 아닌
내 안에 머무는 것들

문을 닫지 않은 것이 아니라
그저 잊지 않으려 열어둔 걸지도 몰라

세월은 앞을 향해 달려가지만
내 마음은 그 문 앞에 돗자리를 깔고 앉아 있다

공장 일 돌보느라 놓쳐 버린 것들이 밤마다
베개 끝을 찾아 들고

안방 문을 슬며시 열고 엄마 부르던
작은 얼굴 맑은 목소리 빛나던 눈동자가 반짝인다

한 땀 한 땀 인생을 짓다

봄에 피어난 복사꽃
열일곱 사랑인 줄 믿었고
열일곱 운명인 줄 알았다

고생이라는 단어로는 부족한 언어
배를 움켜쥐고 견딘 날들 속에서도
그녀는 봄꽃 씨앗처럼 늘 부풀었었지

아이를 업고 앉고
밥을 짓고 밀린 공장 일을 도와가며
새벽 3시는 초저녁이라고 스스로를 위로하면서
한 땀 한 땀 그녀는 삶을 짜냈다

자식들이 짝을 찾아 떠날 때
내 안에 숨죽였던 어떤 기억들이 울먹인다

조용히 봄을 기다렸다
가내공업이 폐업을 하고 문을 닫았는데
왜 이토록 허전하고 애석할까

지나간 세월은 거칠게 그녀의 손등에
파도를 남기고 지나갔다

이젠 눈가에 고요한 구름이 떠다닌다
새로운 인생을 짓고 있다

책을 읽고 글을 쓰며 배움 앞에서다
늦은 봄은 아니라고
늦지 않은 봄이라고
늦은 듯하지만 결코 늦지 않았다며
박수를 보낸다

그땐 그랬었는데

가족들과 직원들이 둘러앉아 식사를 한다
적지 않은 밥 그럼에도 불구하고 그녀가 먹을 밥이 없다
그녀는 끼니를 거르기 일쑤였다
아니면 밥솥에 눌어붙은 누룽지와 라면을 혼합해 끓이면
구수한 맛이 나는데 세상에서 최고의 한 끼

감기에 걸릴 시간도 없었다
새벽부터 오밤중까지 공장일과 집안일 등등
아침과 새참 점심과 새참 저녁까지
다음날 주문 작업량의 준비
동분서주하며 하루가 감쪽같이 사라진다
그야말로 눈코 뜰 새 없이 바쁜 일상이 이어진다

어떤 날은 납품을 하기 위해 출발한다
집 도착하면 오후 12시가 넘고 늦으면 새벽

어느 날 동원산업과 태양화필 납품
새벽녘 달래내 고개 넘는데

자욱한 안개인지 연기인지 구분하기 어렵다
그 와중에 소방차 속도를 내며 앞질러 달린다

얼굴엔 붉은 꽃이 피었다 지고
금토동에 들어서고 나서야 그녀는 안심이 된다

톱밥 난로가 밤을 지샐 때
곤한 잠이 들었으면 하는 그녀의 간절한 바램이었다

그 시절엔 그녀의 마음이 그랬었는데
그땐 그렇게도 조바심이 났었어

톱밥 난로 지금도 그녀를 기다리고 있다

물꼬를 트다

강바우 붓도랑 물은 내려오는데
가뭄 타는 소식에 자갈 꽃만 활짝 피었다
봄빛 아래 고모래* 우두커니 서 있고 돌개바람만 휘몰아치다
논배미 붉게 타들어 가고
깊은 밤 돌부리에 부딪치며
우빗후빗 물꼬 캐는 아버지와 호밋자루
윗배미 물고랑 틈새를 비켜서는 잔물결
아래 땀 텃논에 주춤 다가선다

동네 사람들 밤낮 마른 물고랑에 앉았다 일어섰다
별빛 쏟아지는 하늘만 바라보며 하얀 밤을 지새우는데
느닷없이 삽괭이 부딪치며 말자리 언쟁이 夜밤에 펼쳐진다
그야말로 아전인수我田引水 제 논에 물 대기
야전夜戰이 한바탕 일어나는 물꼬 싸움이 벌어진 것이다

가뭄 끝에 적닷히 내리는 자우慈雨**와 상봉한 아버지
빙그레 귀에 걸렸었는데

옥자네 집 돌담에 비스듬히 기댄
살구꽃 고샅길에 환하다

---
* 고모래: 흙덩이를 고르거나 씨 뿌릴 때 흙을 긁는 도구(강원, 경상, 충청, 전북 방언)
** 자우(慈雨): 적당한 비

너울성 파도 물매질

너울성 파도 물매질
등대지기를 덮치고 갯바위를 훌쩍 넘어선다
바다 깊숙이 앙금이 내려앉고
냉혹한 입매 바람 차디찬 눈매 바람이 소용돌이칠 때
뒷산에 푸른 달 덩두렷*이 솟아올랐다

바다는 소낙비에 젖지 않았다
거센 파도 소리에 놀라지 않았다
너울성 파도 물매질에 더욱 고요했다
갈앉은 글 조각 끌어 올리는 작업에 몰두했다
침묵의 습격자 하얀 파도 물매질
지나가는 길손이라고 잠시 머물다 가는 길손이라고

그럼에도 불구하고
꽃 거품** 쪽물을 우리다

---
* 덩두렷: 사물이 웅장하고 높으며 흐리지 않고 분명함
** 꽃 거품: 순수우리말. 쪽빛을 만드는 과정에서 일어나는 거품

기다림의 문 앞에서

싸리문이 닫치던 어느 날이 있었다
두 눈을 꼭 감고 울던 아이들
아버지는 먼 길 출타를 하신다
어머니는 어깨 위로 세상을 짊어져야만 했다

밤이면 들리는 작은 울음소리
창 너머 별빛을 삼키며 아이들은 자랐다
여린 가슴에 아버지라는 이름을 품고서

그렇게 세월이 흘러 다시 문이 열렸을 때
한 사람이 돌아 왔다 오래된 그림자처럼

그 아이는 어른이 되어 아이를 품고 산다
그리움은 누군가를 이해하게 하는
첫 번째 언어였다는 것을 알게 된 것이다

이미자 선생님의 "기러기 아빠" 노래

그는 아마도 아버지를 그리워하며

속삭이듯 남몰래 불렀을 것이다

이제야 그 마음을 알아 차린다

언젠가 너에게 아름다운 빛이 비출 거야
그때 너도 나처럼 웃을 수 있기를
고마워 그리고 사랑해

-「멈춰 있었던 나에게」 중에서

3부

꿈속 이야기

오후 3시 향동에서

오후 3시 낮잠에서 빠져나와
거실 창문 앞을 서성인다

햇살은 유리창에 맑게 빛나는데
그녀는 고향집 뒤란에 된장 항아리처럼
야생花에 넋을 잃었던 그리움처럼
타향 하늘에서 만난 초승달처럼
반짇고리를 잃어버린 사람처럼 멍때리고 있다

고향집 돌담에 기댄 감나무 아래
쇠파리 잉잉거리던 두엄 밭에 곱게 핀 채송화
그녀를 꼭 닮아 있었는데

어머니와 마지막 만남 허들을 넘지 못했다
장마철 텃밭 귀퉁이에 비스듬히 서 있는
쑥깃 지지대처럼
오후 3시에 배치된 時 공간에 멈춰 서 있다

유리창 밖엔 송죽이 울창하고

벽계碧溪* 속세를 벗어난 듯 고요만 흐른다

향동 서재 창가에서

---

* 벽계(碧溪): 물이 맑아 푸른빛이 도는 시내

음력 시월 시사時祀

해 저문 들녘에 바람이 설고
논 끝에 스민 안개가 조용히 읊조리면

음력 시월 선산엔 종가의
숨결이 고즈넉한 소나무 아래 되살아나네
먼 조상 숨결을 부르는 듯 가문 조상님들은
흰 도포를 차려입고 재계하며 모여들었지

짚불 피우고 향을 올리면 어느새 시절은
거슬러 올라 돌 단 위에 앉은 조상님들의
그림자마저 바람 속에 깃드신다

붉은 홍동백서紅東白西 정갈한 제수 위로
햇살 한 줄기 스미면
절하는 이마마다 조심스러운 기노와 정성이
세월 따라 고요히 흘렀다

시사가 끝나고 그 정성 또한 나누는 것이 예라

제상에 올랐던 정갈한 음식들이
한지 보자기에 곱게 싸여 집안에 전해 졌다

우리 아버지 시사 음식 들고
해질녘에 고샅길 걸어오실 때
그 속엔 조상님과 후손을 연결하는
보이지 않는 끈이 숨어 있다는 이야기를 하셨다

음력 시월 바람이 불면 지금도 또렷한
아버지의 이야기 속 그날의 연기와 제향祭香
그리고 나눔의 손길이 내 안에 숨 쉬고 있다

아버지 고맙습니다

한 겨울나기

 뒷동산에 망개 열매 새빨갛게 토했다
 선생님은 애들아 오늘은 고주박이 나무하러 가는 날이다
 쇠붙이를 발견하면 만지지 말고 선생님께 꼭 알려야 된다 당부한다
 전깃불도 없는 교실이다 땔감도 턱없이 부족하다 초등학교 다닐 때 기억을 살려본다 산등성이가 하얗게 얼어붙은 아침이 일어난다 햇살이 학교 지붕을 먼저 덮고 운동장으로 달려 나갈 때 우리는 눈 쌓인 야산으로 올라간다 고주박이 나무를 찾아 야산을 오른다 초등 친구들 작은 손에 발갛게 살얼음이 돌고 천진난만한 웃음과 콧물 범벅이 되어 매서운 찬 바람을 뚫고 땔감을 앉고 야산을 내려온다 교실에는 온기 부재 칠판과 유리창엔 아이들의 입김으로 뿌옇게 흐려졌고 고사리 같은 손가락에 잡힌 몽당연필 잡힐 듯하다가 책상 밑으로 툭 떨어지던 기억 그 시절엔 공부보다 더 중요한 생존의 시간이 우선이었다 학생들은 책을 덮고 야산을 향해 올라갔었다 서로의 발자국을 밟고 또 밟고 책보자기에 가득 품은 고주박이는 소중한 땔감이다 느닷없이 계곡에서 부서지는 얼음판에 누군가 미끄러지고 눈밭에 자빠지면 축제처럼 작게 흘린 눈물들 우리는 순간 어른이 되

었었지 우리들 만의 추억 어린 불꽃이 있었기에 매서운 겨울을 이겨내는 따뜻한 겨울이 되었다

칠순 노인

정수리에 이팝꽃 풍경이 곱살한데
어느 날 노인은 정신이 번쩍 들었다

늙음이란 화를 낼 만도 한 상황 속에서
아무렇지도 않게 잠시 머뭇거림도 없이
동글납작한 얼굴에 평온함이 깃드는 것

살고 보니 용서란
자신을 안정시키는 천연 재료더라
수년 동안 연락 없이 살아가도 섭섭하지 않아
인생이란 나뭇가지에 간드랑거리는 나뭇잎 같은 것
드러났던 기쁨과 즐거움 미움 전부 전설이 되었어

고즈넉한 바람에 리듬 타는 억새꽃
숲이었다가 꽃이었다가 부처였다가 엄미였다가
마음에 딩 빈 멍석만 깔리는데
인생 수첩에 기록된 이 모두가 허상이었어

칠십이 되어서야 정신이 번쩍 든다

그립고 보고 싶은 이 그 누구였던가
하루아침에 떨어지는 분꽃 같은 인생
노인은 어느 곳을 향해서 질주하는가
마음 동굴에 채굴하지 못한 광석이 만석인데

그해 금토동 밭고랑

가난은 발끝부터 시작되었다
식구는 많은데 식탁은 늘 비어 있었고
수저 대신 눈치를 들고 있었다

공장 주변 금토동 밭고랑에는
또 다른 세계가 펼쳐져 있었다

가을 추수가 끝난 들판엔
풍성한 야채들이 남아 있다 버린 것이 아니다
흘린 것도 아니었다
마치 '낙생공예사' 너 갖다 먹으라는 것처럼

나는 아침저녁
밭고랑 야채 시장을 간다
돌아오는 밭둑에서 하느님께 간절한 기도
산밤에 서리 내리지 마세요 성모 마리아님

토막 난 고구미와 줄기 무 늙은 호박 애호박
바람에 말라가는 배추 속잎 붉은 고추 푸른 고추
이 모두가 금토동 주민들의 배려라

세상은 모른다 그해의 밭고랑이
허기진 사람들을 얼마나 많이 살려냈는지

불두花

고요한 이른 아침 법당 뜰 가에
하얀 불두花 피었네
그 자태 마치 여래의 미소 같고
그 향기 무념의 경지 속으로 이끈다

속세의 바람도 머물다 가고
풀벌레조차 합장하고 기도한다네
꽃잎에 담긴 자비심이
고요히 중생의 마음을 씻어 준다

머리 숙인 듯 겸허한 그 모습
어리석음도 그 앞에선
부끄러워 물러간다
불두花여 너는 진실로 부처의 머리 아닌가

하나 피어나 천의 마음을 밝히고
지듯이 져도 법음法音은 머무른다
무상 속에도 영원을 품은
불두花 큰 깨닮음이다

멈춰 있었던 나에게

안녕 오랜만이야
나는 지금 너를 또렷하게 기억해
탄천에 말없이 앉아 있던 너를
세상과 등을 돌리고 있었던 너를

그때 너는 아무것도 할 수 없었던 것이 아니었어
단지 너무 지쳐 있었던 게야
너무 많은 상처를 가슴에 끌어안고
너무 오랫동안 침묵했던 거야

나는 이제야 나를 이해하게 됐어
왜 내가 그렇게 무기력하게 앉아 있었는지
왜 아무것도 하기 싫고 아무 말도 하지 않았는지

그 자리를 지키고 있어 줘서 고마워
그 모든 시간을 버티고 일어서줘서 감사하고
그래서 지금 여기에 설 수 있는 거야

이젠 괜찮아

넌 틀린 게 아니었어 그저 아팠을 뿐

지금 나는 세상 속으로 들어가고 있어
지나간 시간을 건져 올릴 수 있는 내가 되었어
너의 멈춤 덕분에 너의 침묵 덕분에
나는 뛰어오를 준비를 할 수 있었던 게야

그러니 이제 조금 쉬어도 괜찮아
나는 너를 데리고 앞으로 앞으로만 갈게
우린 하나니까 말이야

언젠가 너에게 아름다운 빛이 비출 거야
그때 너도 나처럼 웃을 수 있기를
고마워 그리고 사랑해

앞으로 나아가는 내가 나에게

산모롱이에 마른 바람이 분다

그믐밤 붉은 귀신을 쫓는 것처럼
마른 바람에 불덩이가 요동친다

홍패紅牌* 자루
훌훌 내 던지며 산굽이 돌아 넘는 암행어사처럼
산 고랑에 나뒹굴어져 일어섰다 앉았다
마치 붉은 도포 자락 휘날리는 듯하다

선들 마을을 지나 산모롱이에 울창한 수목
한입에 집어삼키던 산 숯불가마
모랭지 골짜기에 꽃방**이 방장하다

깊은 산골에 치솟은 불기둥에
망연자실 참혹할 따름이었다

풀빛 산색 소멸되고 재티만 휘날리는데
산기슭에 넋을 잃은 매화나무 혼백으로 서 있다

징검다리처럼 산 숲을 건너다니는 불덩이
물끄러미 바라볼 수밖에 없었던 나와 큰동생

농사 일정에 눈코 뜰 새 없이 바쁜 둘째 동생
산불이 생나무를 집어삼키던 그날 마음고생이 많았을 것인데
그 마음을 몇십 년이 지나서야 헤아려 본다
잿빛 물결로 일렁이던 그날을

*홍패(紅牌):문과의 회시(會試) 급제한 사람에게 주던 증서 붉은색 종이
** 꽃방: 숯불을 금방 구워낸 화력 뜨거운 방을 일컬음

꿈속 이야기

크고 작은 바위들이 둘러쳐진 산기슭에
돌 틈 사이로 흐르는 물이 길을 낸다

어떤 한 사람
바위 위에 우두커니 앉아 세상의 흐름을
등진 채 무표정하게 자리 잡고
그녀도 그 곁에 앉아 있다

나는 조심스레 말을 건다
저기 좀 봐 올갱이들이 움직이고 있어
우리 같이 잡아볼까
그 한 사람은 굳은 표정으로 말이 없다

성큼성큼 물속으로 들어가
빛나는 올갱이를 건져 올렸다
소라는 투명하게 빛이 나고
내 손바닥 위에서 꿈틀거린다

세 마리 생명의 감촉

물빛이 반짝이며 움직이는 순간들을
지켜보고 있는데 여전히 무반응의 한 사람
그 순간 함께하지 않아도
나는 계속 나아가야 한다는 걸 말이다

올갱이를 건져 올리는 사람이고 싶다
반응 없는 바위 앞에 멈추지 말고
맑은 물 안에 반짝이는 생명을 찾는 것처럼

움직이지 않는 나의 자아를 일으켜 세우는 일이다
꿈속 이야기

마포 나루

조선시대 숨결이 숨 쉬는 마포 나루
시대적 슬픔이 머뭇거리다 강물에 흘러가고
기쁨이 술렁이다 뱃머리를 돌려 가는
나룻배 교통수단의 요충지

각 지역의 다채로운 물류 창고와 시대적 번화 거리
그야말로 트리플 역세권 복합 터미널인 셈이다

새우젓과 나뭇짐 비단을 싫은
소형 선박이나 어선이 접안 하면
장사꾼과 흥정꾼들이
몰려들어 장사진을 이뤘던 마포 항

그곳엔 아낙네들의 애환이 설인 우물가
입성을 헹구고 머리카락 씻던 한강변

우연이 찾아간 마포 나루의 봄
그 길에 메타세쿼이아 시인의 길이 존재하고
메타세쿼이아 조명이 쏟아지는 워킹우먼 길이 있다

메타세쿼이아 길 중간쯤
하늘에 떠가는 흰 구름 손을 잡고
장의자에 길게 누워 시대적 심장 소리 듣는다

사월호수공원

사월호수공원에 마들렌* 내음 드로잉
생동감 넘치는 초록 재킷 뮤지컬
감미로운 만돌린 현악기 선율이 파워풀하고 역동적이다
봄 처녀 오케스트라 정기연주 공연 연습에 여념이 없는데
속달 초대장 받은 진달래꽃 무리
호수공원 언덕배기에 소녀 젖가슴처럼 봉곳하게 솟아 있다
간간이 펼쳐지는 꽃잎 무도회 무르익어갈 때
우주의 환희에 화답하는 다채로운 호수 물빛 종합 예술단이다
독보적인 창꽃 교향곡 사랑스럽다
사계절 그려지는 시각적 점 선 색채 도형들이
호수공원에 펼쳐진 녹색 혈관을 타고
삼동三冬을 넘어선 개나리꽃 만개滿開하다
실 가지에 파릇파릇 봄빛이 돋아나면
풋풋한 첫사랑 호수공원을 거닐고
붓 초가리**를 닮은 꽃봉오리 사월호수공원에서
실시간 퍼포먼스를 하고 있다

---

* 마들렌 : 프랑스어. 작은 키스텔라
** 붓 초가리 : 붓 모(毛) 묶음

능소花 미소

뭉게구름 징검다리를 건너다닌다
여름바람은 바닷가로 향하고
뜨거운 햇살은 모래 위에 눕는다

가족과 함께 달리던 안면도 길
어느 젊은 날의 휴가지 여름 해변가
너는 말없이 웃으며 우리 가족을 반겼지
햇살보다 더 밝게

능소화 짧은 계절에 피어나
가장 깊은 빛으로 기억되는 너
손 닿을 듯 마음은 닿지 못한 채
나는 너를 스치듯 달려갔다

세월은 많이 지나갔고
그 추억도 잊혀져 갈 때
그 여름 그 장소 그 꽃 그 웃음들이
내 안 어딘가에서 다시 피어난다

능소花 스치는 그 향에 머물러

언젠가 다시 피어날 계절을 기다리면서

안면도 대로변의 능소花

꿈은 가랑잎에 묻히다

유년 시절 꿈이 많았었다
시골 논두렁과 밭고랑을 뛰어다니며
하늘을 보면 무엇이든 해낼 수 있다는 자신감
조롱박처럼 마음이 통통 부풀었고
고석리 맑은 햇살은 내 꿈을 비추는 조명이라 생각했었다

하지만 가난한 농부의 딸이었고
소 꼴 베고 검정 고무신 끌며 회인 오일장에
어머니를 그림자처럼 따라다녔던 아이가 아닌가

책보다 아버지 쟁기 소리와 돌 광 남포 소리가
더 친근했고 유년 시절 내 꿈은 작아져서
그저 입속에 굴러다니는 노래가 되었다

이제 나는 그 모든 걸 지나 담쟁이를 바라본다
담장을 오르는 잎사귀에 마음을 얹는다

유년 시절 꿈은 살아있다 담쟁이 잎처럼
그러나 다른 모양새로 덮고 이었을 뿐이다

담장을 훌쩍 넘지 못했지만 이젠 알 것 같아
오르지 않아도 살아낸 삶이 단단하다는 걸

뿌리내린 자리에서 푸르게 남는 일이
어쩌면 더 깊은 꿈이었는지도

햇살 아래 반짝이는 담쟁이 잎새 하나하나가
내 마음을 쓰다듬는다 괜찮아 괜찮다고
잘 살아 왔어 이젠 편히 지내도 된다고

봄 창칼 춤을 춘다

들판에 풀빛 새싹 겨울잠에서 일어나는데
봄 햇살 뒷산 창꽃과 어깨동무를 한다

갱변 자갈밭에 펼쳐진 봄나물 전시장
해동과 함께 찾아온 향긋한 향내가 싱그럽다

봄나물이 파릇파릇 햇잎 돋아나고
산과 들판엔 녹색 단장하며 봄맞이 한창인데
그녀는 허연 금줄이 쳐진 손등과 발등을 드러내고
돋아난 봄나물과 한바탕 창칼 봄 춤을 춘다

아지랑이 아물아물 피어 오를 때
등 뒤에 올라탄 햇살 현란한 춤을 춘다

김이 모락모락 나는 두엄 밭 가장자리에
채송花 알록달록 쇠똥 두엄 밭을 감싸고 돈다

큰 사발 위에 산처럼 봉긋한 벌금 자리*

양념에 버무려진 고추장과 참기름 듬뿍 올리면
군침 돋는 유여사 벌금자리 비빔밥

어머니는 저녁 밥상머리에 앉아
아이구 우리 딸이 벌써 봄나물을 뜯어 왔네
그 말이 끝나기도 전에
밥 한 그릇 뚝딱 비우시던 아버지
우리 딸 덕분에 저녁 잘 먹었구나 하신다

호롱불도 덩달아 덩실덩실 끄름** 춤을 춘다

---
* 벌금 자리: 봄 나물
** 끄름 : 충청 방언. 어떤 물질이 불에 탈 때 불꽃 연기

그림자와 화해

긴 세월 말 대신에 침묵을 걸치고
빛을 쫓아 걷는 척했으나
늘 뒤에서 조용히 따라오는 그림자

내면 깊은 곳에서 뛰어나오는 것은
숨기고 싶었던 진실
소리 질러 울지 못했던 날들의 기억
말해야 했지만 말하지 못했던 순간들
이젠 노인은 그 그림자들과 마주 앉는다
두려움 대신 이해로 미움 대신 포용으로

"너는 누구냐"
묻는 나에게 그림자는 말한다
"나는 너였다 늘 너였지."

이제 나를 미워하지 않으려 한다
이제 나를 원망하지 않으려 한다
이제 과거를 떠나보내려 한다

그림자와 화해하고자 나의 내면 속을 걸어간다

그리고 나의 그림자와 마주 본다
내면에 숨어 있는 자아의 현絃을 조율한다

다래 넝쿨 그 오름이 멈출지라도
어딘가에 닿지 않아도 그 여정의 길목이
충분히 아름답게 빛나고 있었다는 것을 알기에

-「다래 넝쿨 그늘 아래」 중에서

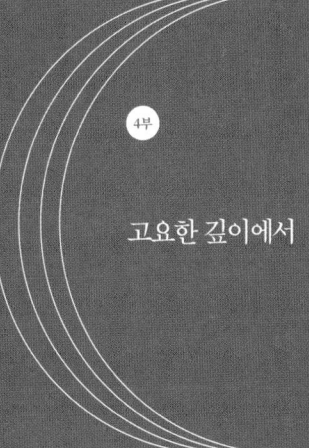

4부

고요한 깊이에서

찐빵이 된 너를 발견하다

작은 숨결로 내 품을 찾아온 너는
세상의 빛이 너무 밝았는지
태어나자마자 아픔을 가득 품고 울었지

어미는 매일 밤 별에게 두 손 모았단다
이 연약한 아이가 바람에도 흔들리지 않게
부디 잘 자라게 해달라고

긴 세월의 징검다리 건너
가지마다 울창한 너의 모습에 햇살이 싱그럽구나
고요히 흐르는 강물처럼
말없이 단단한 농녹색濃綠色 풍경이구나

살집이 없던 너를 품에 앉으면 솜처럼 가볍던
작은 아들이 어느 날 문득
나라를 지키러 간다며 신체검사를 받으러 갈 때
나는 아이가 걱정이 되어 너를 따라갔었지

군대 시무식 날 군인이 된 둘째를 만나기 위해
가족들과 공장 직원들이 동원될 때
유난히 하늘은 맑았고 햇살이 눈 부시던 그 날의 봄

어미는 너를 향한 기억들로 가슴이 부풀었단다
하지만 줄지어 내려오는 병사들 속에서
너를 발견할 수 없어 발끝을 세우고 두리번두리번

찐빵처럼 둥근 볼과 몸집이 커진 군복을 입은 녀석
가까이에서 엄마 부르는 목소리는 분명 내 아들인데
아들이 아닌 것 같은 까만 얼굴

시간이 멈춘 듯 나는 웃으며 울었고
살도 오르고 마음도 깊어진 사내가 되어있었지
세상에서 가장 듬직하고 씩씩한 군인이 되어 있었어

간절한 기도는 언젠가 꽃처럼 피어난다는 것
연약함을 밀어내고 강인해진 너
봄날을 위해 어미는 오늘도 침묵 속에 응원한다

잘 참고 잘 견딘 너에게 고맙다
찐빵처럼 따뜻한 둘째 아들 너에게 남긴다

최선을 다해 살아 줘서 고맙다
그동안 고생 많이 했어

다래 넝쿨 그늘 아래

나는 이제 오르지 않아도
된다는 걸 안다 어디가 정상인지
그리 궁금하지 않게 된 것도 오래전 일이다

하지만 다래 넝쿨은 여전히 나무를 오른다
누구의 눈도 닿지 않는 그늘에서
햇살이 눈 부신 꼭대기까지 자신의 끈을 이어간다

푸른 잎사귀 흔들리면서
가랑잎이 될 각오로 결코 무너지지 않았다

한때는 더 빨리 더 높이 오르고 싶었고
때론 침묵으로 때론 놓치고
산을 넘다 지쳐 주저앉기도 했던 시간들
지금 와 돌아보면 그 모든 순간들이
다래 넝쿨 한 줄기의 오름과 다르지 않다는 것

나는 이제 노랑 잎사귀 그늘 아래 쉰다
늦가을 바람이 서늘히 불던 어느 날

푸른 잎 그녀의 어깨를 쓰다듬으며 잘 사셨어요
그 말에 마음에 조용한 물결이 일어난다

다래 넝쿨 그 오름이 멈출지라도
어딘가에 닿지 않아도 그 여정의 길목이
충분히 아름답게 빛나고 있었다는 것을 알기에

종일 부재중

우체부 도로 명길 달린다
전기선 줄 들었다 놨다 널뛰기하는데
전동 자전거 산길에 어김없이 미끄러져
올라갔다 내려갔다 하는데 그는 부재중이다

유리창 넘어 짜장면 냄새 창틀에 머물다 가고
저 산 너머 화사했던 단풍잎 바스락 뒤척인다

노을 물이든 하늘은 소낙비 쏟아 내려나
먹구름 만취 되어 오락가락

가랑잎 이불 삼아 산 숲에 뉘니
하늘에 떠가는 솜털 구름이 기와지붕이로구나
나뭇가지 사이로 쏟아지는 빛살에 눈이 시리다

단풍잎 분주하게 분리 수거하는데
늙은 라디오 가을 장맛비에 애간장을 태우고
비탈진 산언덕에 세발 자가용 오래전에 멈췄다

그는 나무 목공 수작업 사장님이었는데
흙을 비집어 농사짓는 농부가 되어있었다

당신은 누구신가요

당신은 누구신가요
몸이 불편하다는 인편 소식에 어리둥절합니다
아카시아 향기 부서지는 오월에
풀 향기처럼 건너오는 소식인데 말입니다

산색이 여물어 가는 언덕에
숲과 동행하고 있다는 소식

송학 가루와 흙먼지가 달려들고
언덕 넘어 풀잎이 반겨주는 가장자리
그곳에 머문다고 하기에
나는 그곳으로 다급하게 움직여 봅니다

산새들과 허물없이 지내고 있다는
당신은 대체 누구 십니까
자연인으로 살고 있다는 당신은 누구신가요

육군 도화 부대 사잇길

떡갈잎 사잇길에 이슬방울이 반짝인다
가을 햇살 아래 침잠에 들어가는 가랑잎
철조망이 가로막혀 접근이 금지된 육군 도화 부대 산책로
만추의 적막함이 수북이 쌓여 하늘을 받들고 있다

초겨울 바람 길섶에 뒤척이고
떡갈잎 결정체 모양을 간직한 사잇길에 들어섰는데
갈잎 동굴에 다람쥐 한 쌍이 숨 고르기 한다
그녀는 가랑잎과 동행하며 산책로 길 오른다
등산화에 매달린 가을이 바스락 속내를 털어 놓는다

도화桃花*가 날아간 자리에
청량한 가을바람 소슬히 불어 들고
가을 정기연주 공연 음악 소리는 양액兩腋**를 파고든다

햇살이 가득한 금토농 정계산 사락에
꽃물이 든 콩꼬투리 타다닥 탁 타다닥 탁

청계산자락 육군 도화 부대 사잇길

시리도록 푸른 하늘에

잿빛 양털 구름이 널려 있다

---
* 도화(桃花) : 복사꽃 떨어지다
** 양액(兩腋) : 양쪽 겨드랑이

노점 판에 장난감

길바닥에 뒹구는 작은 울음소리
성남중앙시장 노점 판에 반짝이는 장난감
엄마 나 이거 사줘 응 발 구르던 첫째 아이

등에 업힌 둘째 아이가 어깨너머로 말을 건다
엄마 엉아 장난감 사줘 엄마 응

칠십 년대 후반 경제 부재
어미는 아이의 손을 꼭 잡고 걸어가는데
큰 아이는 갑자기 길바닥에 나 뒹굴어진다

장난감 하나 손에 꼭 쥐고 발걸음이 씩씩하다
눈물 콧물로 버무려진 작은 얼굴에
웃음꽃이 활짝 핀다

세월은 저 멀리 물처럼 흘러갔지만
아이의 울음은 내 귓가에 머물고
순간순간 둘째 목소리 내 등을 토닥토닥

노점 판의 장난감이었지만

그것은 시절 가난의 큰 무게였으며

어미의 아픔이기도 했다

태평동 중앙시장 모퉁이에 버려진

배추 무수 잎새 장바구니에 욕심부려 담아 온다

또루루 나를 유혹하지마

샤워를 마치고 물기 맺힌 발바닥이
강마루를 밟았는데 너는 그곳에 조용히 와 있었다
아무런 말도 없이 움직임도 없이
마치 처음부터 내 집안에 살고 있었다는 듯

작고 날씬한 몸매 특별하게 많은 발가락
누군가는 소름 끼친다며 등 돌릴 생명 하나
하지만 너는 도망치지 않았고
나 또한 비명 지르지 않았다

나를 유혹하지 말고 너희 집으로 가거라
나는 웃으며 속삭였고 너는 천천히 아주 조심스레
몸을 또루루 말았다가 풀었다 말을 건다
그게 인사였는지 몰라
아니면 너만의 춤으로 나를 유혹하는 것일까

너는 가끔 나의 마루 한편에 와 있었고
나는 너에게 말을 건넸다
또루루 너 또 왔구나 하며 이름을 불러 주었지
나지막한 모습 너의 존재 또루루 또루루
우리 함께 잘 지내는 거야

경계를 푼 움막

경계를 푼 움막
어둠을 핑계로 경계를 풀어 헤치는 부엉새
휘돌아 가는 봇도랑만이 유일한 관찰자다

흙 자갈 모래 먼지가 아무렇게나 나뒹굴어지는
구부러진 야산 중턱을 올라 내려서 가면
솔바람이 난장판으로 불어닥치다 순간 고요해지더군

보금자리에는 웃음꽃 만발하고
이보다 더 고은 움막이 존재하기는 하는 걸까
이보다 더 아름다운 움막이 어디에 또 있을까
저울에 달지 않아도 그 무게를
가늠할 수 있는 경계를 푼 대화
삶의 시나리오가 솔숲에 깃발처럼 펄럭인다

산 그늘아래 대책 없이 경계를 푼 장끼
사금파리처럼 깨부수는 불사불멸不死不滅의 영혼

비탈진 산 그늘이 코를 놓쳤는지 부는 바람산을 넘고
영근 은행잎 우수수 다급한 행렬 속에서
큰 소리 질러가며 노래 부르는 뻐꾸기 울음소리

먹물이 빗발치는 그늘움막에서

팝콘 냄새

칠십인데
또 다른 생일이 달려오고 있다

마음 한 켠에 번져오는 팝콘 냄새
불현듯 말을 걸어 오는 오월의 어느 날

따뜻한 팝콘과 콜라를 들고 더듬더듬
영화관 번호표 의자를 찾아가던 추억

불 꺼진 조용한 영화관 검은 조명 아래
스크린을 바라보던 순간이
나만의 공간에 들어선 듯한 착각이 일어났었지

의자에 푹 파묻혀 하얀 스크린을
바라보던 설렘 그 따뜻한 정적 속에서
울고 웃고 그러나 아무 일도 없었다는 듯
극장 문을 나설 때 마음이 한결 가벼워졌지

아무 일도 없었던 어느 날처럼
그저 좋기만 했던 어느 날처럼
팝콘 냄새가 그리울 때가 있어

사랑스러운 너에게

사랑스럽구나
네가 너무도 사랑스러워
사랑한다고 말도 못했단다

너는
점점 더
사랑스럽게 성장 하는구나

너는
점점 더
늠름하고 겸손하기까지 하네

지금 그 모습 그대로
충분히 너는 나에게 든든한 존재다

성장기에는 좀 서툴러도
때로는 좀 실수를 하더라도

그 모습까지도
사랑스럽단다 너이기 때문에

고요한 깊이에서

삶의 생활에 짓눌린 세월의 무게
짐꾼처럼 어깨에 짊어졌다
사랑이라는 단어는 걸 망태 바랑에 집어 넣었다

그럼에도 잘 견뎌온 고요한 내면의 깊이에서
살아간다는 것은 버텨야 된다는 것이라고
사랑이란 소유가 아니라 머무는 것이라고
죽음이란 피하는 것이 아니라 포용하는 것이라고
세상은 나 없이도 잘 돌아가고
나는 세상없이도 조용히 사라져 가는 것
그러나 내가 이 땅 위에 존재한다는 사실만큼은
시간조차도 지울 수 없는 흔적이다

살고 보니 그녀는 바람 속의 낙엽이었고
누군가 잠시 머물다 간 벤치였다
기억에서 멀어져 가는 한 사람의 그림자

어떤 날엔 한없이 무너졌고
어떤 밤엔 한없이 이슬비가 내렸지만

그러나 그 무너짐마저 그 눈물마저
오늘에 이르러서 하나의 아름다운 결이 되었다

나는 세상에 묻지 않겠다 왜 나였는지
그러나 잔잔한 호수 물결이 일렁이고 있다

나는 이 세상에 존재하며 또한 살아있다
나는 그럼에도 미움을 버렸다 그리고 사랑했다

나는 침묵했다
나는 無言으로 화답한다

이 열차는 수서 행입니다

삼사일 전 3호선 교대역에서
대화 역방향 지하철을 탄다
의심할 여지 없이 목적지를 확인하고

시니어 석 가장자리 구석에 앉는다
열차 안은 침묵의 단체전이 열렸고
각자의 생각에 빠져 들은 것이다

그런데 안내 방송이 흘러나온다
이 열차는 수서 행입니다
이 열차는 수서 행입니다
노인들은 서로의 눈빛이 부딪치고
서울시가 갑자기 지도를 바꾼 것일까
경로석에 앉아 계신 분들 급 당황하다

한 번 더
이 열차는 수서 행입니다

그때다 열차 안에는 음소와 억양들이
조용히 튀어나오기 시작한다
어떤 젊은이 휴대폰으로 지하철 앱을 켰고
이 열차 대화 방향이 맞습니다 라고 어른들을 안심시킨다

그녀는 그냥 웃음이 나온다
그 순간은 우리는 승객이 아니었다
어떤 비밀을 공유한 소규모 생존자 집단이 아닌가 라는 생각

승객 여러분 죄송합니다
이 열차는 대화 방향으로 가는 열차입니다 라는
안내 방송이 나올 만도 한데 생략하고 전동차는 달린다

방송실로 달려가볼까?

같은 방향을 믿는 사람들끼리
설령 대화 방향이 아니더라도 목적지를 향해 달리는
지하철 안의 풍경이 고향처럼 정겹기만 하다

늦은 저녁 밥상

청아하기 그지없는 쪽빛 하늘이 훤칠하다
별빛은 영롱하게 반짝거리고
슈퍼 보름달은 온 마을 대낮 같이 밝힌다

어느 날 늦은 저녁 찢어진 창호지를
넘어선 어둠이 곤한 잠이 들었는데

어머니는 늦은 밥상을 들고
마루 문지방을 넘어 들어선다

그 날밤 아버지는 무수한 말 대신
밥상머리를 흙 마당에 내던진다
창호지를 뚫고 달려 나간
밥그릇 쨍그랑 흙 마당에 나 뒹굴어지고
된장찌개 화로 불씨를 잡고 방바닥에 드러눕는다
제디마저 놀라 문시방을 황급히 탈출하는데
놀란 풀잎들이
감나무 아래 옹기종기 웅크리고 있다

흙 마당에 서성이는 사금파리 어린 나는

밤늦도록 아버지의 모난 흔적을 산태미에 쓸어 담고

달빛은 휘영청 돌 지붕에 보초를 서고
잠든 동생들 얼굴을 확인하며
고사리 같은 발걸음 어머니를 찾아 *夜*심한 길 나선다

잔디 언저리 언덕을 넘어 승직골 굴텅이 돌아가는데
부엉이가 부엉부엉 울어 온몸에 가시가 돋아

나무 아래 홀로 앉아
솟구친 눈물바다가 되었을 어머니를 찾아

한숙이네 밭둑 호두나무 달빛 아래
그녀의 작은 모습이 희미하게 들어온다

이슬에 잠긴 목소리 엄마가 여기에 있는 줄
어떻게 알고 이 밤에 여기까지 왔니 정순아
서로의 체온을 나누며 뒷산에 밝아오는 여명과 상봉한다

신문리 항준이 친구

그날은 비가 내렸다
하늘을 적신 빗방울이 용마루를 타고
유리창 공간 아래로 흘러내리는데
전화벨이 울린다 고향 친구 항준이다

전화기 너머 항준이 목소리는 낮고 울먹인다
우리 어머니가 눈을 감으셨어 정순이 친구야
숨죽인 울음처럼 침묵이 이어지고
그 끝자락에서 친구는 이야기를 풀어 놓는다
마음 깊이 간직한 어머니를 조심스레 여는 것이다

친구가 쓴 시 있잖아 친구야
아버지라는 시 말이야 정순아
나는 멈칫했다 내 손끝에서 태어난
아버지라는 시를 항준이는 기억하고 있었다

친구야 며칠 전
우리 어머니 병상에서 너의 시아버지를
읽어 드렸는데 흐릿한 눈으로 듣고만 계시더니
눈가에 눈물이 흘러내리시더라고 하면서

그는 말끝을 삼켰다

나는 우리 어머니가 우는 걸 처음 봤어
내 나이 일흔이 되도록 말이야
전화기를 쥔 손 너머로
세월을 이겨낸 사내의 울음이 흘러나왔다

어미를 그리워하는 마음과 시 한 편의 기억
백세 어머니 삶을 지켜본 아들의 애석함이 묻어 있었다

젖은 창문 아래로 흘러내리는 빗방울 소리
항준이 친구 눈물 같고 울음 같았다

나는 깨달았다
글이란 문을 노크하는 손짓이 될 수도 있다는 것을
한 편의 시가 한 생의 마지막 길을
조용히 어루만질 수 있다는 것을

항준이 친구 마음 잘 다독이고 잘 지내고 있지?

정월 대보름달

정월 대보름 날 밤
새해 안녕과 건강을 기원하기 위해 탄천 길 나섰다

그런데 말입니다
이게 왠일입니까

휘영청 밝은 보름달이 벌거벗은 채로
탄천 워터룸에 풍더덩 들어가
물고기들과 보름밤 밀회를 즐기고 있는 게 아닙니까
달빛에 흠뻑 젖은 채로 말입니다

그녀는 파빌리온 현관문을 들어선다
창틀을 비집고 들어선 달님이
거실마루 바닥에 大자로 누워
환하게 웃고 있지 뭡니까

언젠가 나는
그 그림자를 벗겨내지 못하고
그곳에 닿을 것이다
닿을 수 없기에 끝내 나를 따라오는 그림자

-「물에 젖지 않는 그림자」 중에서

5부

존재의 강가에서

위장僞裝 도로

북데기 위장 도로 위를
5톤 트럭이 본능적으로 핸들을 틀어 달려갔는데
진흙탕 물에 풍덩 빠져들고 말았다
위장술로 장착한 긴 포문砲門이 열리고
다채롭게 훔쳐맨 글자들이 결합하여 빠른 속도를 낸다

위장 도로에서 생긴 일
한 발짝만
아니 반 발짝만
뒷걸음질 쳤더라면

존재의 강가에서

그녀는 오래된 고목나무처럼 강가에 홀로 서 있다 가지마다 세월의 흔적이 새겨진 모양으로 뿌리는 깊게 그러나 단단히 대지 위에 말은 건다 삶은 질문이 아니라 깨달음이라는 걸 알게 된 그녀는 왜 살아야 했는가 묻지 않게 되었고 다만 살아냈음에 고요해진다는 사실을 알게 되었다 그녀가 걸어온 길엔 바람도 있었고 돌도 있었다 어리석음으로 흘린 눈물도 지혜로 얻은 침묵도 있었다 그 모두가 그녀를 청자 항아리로 빚어내기 위한 불가마가 아니었을까 그 시간들이 어찌 헛되다 하겠는가 자신의 존재는 무엇인가 이 물음은 한때 그녀를 밤새 뒤척이게 했으나 이제는 새벽 풀잎에 맺힌 이슬처럼 말없이 빛나는 순간에 답이 있음을 알게 되었고 나는 누구 인가 그 또한 저 멀리서 다가오는 메아리처럼 들리다가 문득 오래된 큰아들의 신병 시절 편지 한 통에 얼굴에 화사한 꽃이 피는 것을 본다 지나놓고 보니 삶이란 어쩌면 질문에 답하려는 여정이 아니라 그 질문들을 가슴에 품고 살아 내는 일인지도 몰라 칠순이 되어서야 알게 되었다 삶의 터널을 빠져나올 때 경험한 모든 순간들을 내 품에 끌어안는 일이라는 것을 강가 향동 서재 공간에 앉아 고요히 담담하게 그러나 깊이 읊조린다

올무

올가미와 덫
까투리 발목이 발버둥 치거나 말거나
오색찬란한 장끼 몸통이 걸려들거나 말거나
통째로 날개가 뽑히거나 말거나
촘촘히 배치되는 올가미와 덫

나뭇가지 뛰는 발목 밑에 벼락 치듯
뛰어올라 브레이크 잡는 올무

구멍이 난 메주콩은 미끼를 물고
눈밭 아래 혹은 양달 아래 덤불을 깔고
서너 알씩 비스듬히 앉아 보초를 선다

연약한 짐승을 포획하려는 포식자들이 날을 세우고
가을 들국화가 갈바람에 바스락거리는데
커다란 멧돼지가 삐나닥히게 위치 변경하며
골목길에 접어든다

약탈자 올가미 덫에 사정없이 걸려드는 길짐승

쫓는 자와 쫓기는 자

포식자와 피식자

낮이나 밤이나

사냥길을 달리는 살얼음판 위에 삼륜 추적자

눈비바람 몰아치는 맹추위에도

삼삼오오 북데기* 위장 골목을 조성한다

날 짐승의 발목이 낚아채기만을

기다리는 포학한 올빼미 사냥꾼 무리들

추석 하기에 안성 맞춤인

대설大雪꽃이 피었구나

일단 올문장 덫에 걸려든

메뚜기도 사냥 꿈을 꾼다는 사실이다

호시탐탐虎視眈眈 덫을 놓고

큰 짐승은 그물 휘장을 휘두르며 고라니를 노린다

홀치기** 올가미에 허무맹랑하게 부엉이가 걸려들고

그 광경을 발견한 포식자 기쁨에 사로잡힌 밀렵꾼들

올무 함정에 걸려들지 말라

그러나 챗지피티 ChatGPT AI 덫이 판을 짜는 세상

빙판 아래 올무

눈 발아래 덫

---
* 북데기: 짚이나 풀 따위가 뒤섞여서 엉클어진 뭉텅이
** 홀치기: 풀리지 않도록 단단히 동여매다

물에 젖지 않는 그림자

물에 젖지 않는 그림자
그 물결은 기억처럼 흔들렸고
빛은 늘 그림자를 피했다

나는 손을 뻗었지만
그 그림자는 젖지 않았다
촉감도 온기도 감정도 이름도 없이
다만 나를 닮은 방향으로 흘렀다

다른 사람은 말한다
그건 너의 환영幻影이라고
하지만 환영은 숨을 쉬지 않는다
그림자는 내 안의 가장 소중한 움직임이다

깊은 밤 나는 종종
깊은 물 속의 그림자를 마음속에 떠올린다
침묵보다 더 낮은 곳에서
나조차 버린 말들이 다시 숨 쉬는 그곳

그리고 언젠가 나는
그 그림자를 벗겨내지 못하고
그곳에 닿을 것이다
닿을 수 없기에 끝내 나를 따라오는 그림자

돌꽃

남포 소리 꽝
그 아래서 그녀는 유년 시절을 보낸다

산과 들밭이 출렁이고
마을 사람들도 울렁이던 내 고향 고석리

돌 광 근처에는 위험하다며
어른들은 늘 말을 하지만 아이들은 꽃을 찾듯
돌이 흘러내리는 돌밭을 향했다

어느 날 내 친구 둘냄이가
돌 속에 깊은 잠이 들었고
동네 사람들은 한동안 말없이 정적만 흐른다

매캐한 화약 냄새와 희뿌연 연기 속에서
남포여 큰소리치며 뛰쳐나오는 한 사람 뒤로
꽝꽝하며 흩어지는 자갈

돌산엔 돌맹이가 굴러떨어지는데
그녀는 내 친구 둘냄이

돌꽃 한 송이를 기억합니다

어느 봄날 북한산 보리사에 오른다
그곳에서 나는 가만히 눈을 감아 본다

나는 늙고 젊음은 멀리 갔지만
한 송이 돌꽃이 된
둘램이 웃음소리는 지금도 생생하다

고주박이 한 입

회동 국민학교를 찾아온 겨울
교실 중앙에 우두커니 서 있는 난로에 장작을 집힌다
학생들은 추위 속에 몸을 웅크리고
한 움큼의 연기와 입김 나눔 하는 첫 수업 시간

고주박이 한 입 꿀꺽 삼키고
묵직한 쇠뚜껑 입을 꾹 다무는 나무 난로
마른 연기와 학생들 웃음 소리가 혼합된 불꽃이 핀다

한 겨울 어린 손등이 터져 피가 맺히고
허술한 입성이 마룻바닥 가시랭이에 매달려도
눈망울은 별처럼 초롱초롱 빛났었다

지핀 불씨는 교실 안을 훈훈하게 덥히고
선생님 목소리 따뜻하게 우려실 때
유리창에 꽁꽁 얼어붙은 된서리도 몸을 풀고 있다

그녀는 세월이 흘러 칠순 노인이 되었다
지금도 그때 그 소나무 고주박이 송진 냄새는
코끝에 향수처럼 머물고

친구들의 눈물 콧물 왕복하며 속도 낼 적에
천진난만한 웃음 소리에 불꽃이 타들어 간다

난로 위에 쓰러질 듯 포갠 변도
꽁보리밥 가득 채우고 내려갔다 올라갔다
구수한 누룽지 간식을 만들었지

천만금을 주어도 살 수 없는
그때 그 시절 추억이자 그리움이다

그리운 어머니

어머니 당신은 왜 하필이면 오늘
꿈속 길을 걸어 오셨나요

밖에는 지금 한파까지 겹친 영하 9도의 날씨
대설특보 대설주의보가 내려졌는데 말입니다

하필이면 음력 시월 찬바람이 불어닥치는
갱변 논배미 바닥을 선택하시어 오시나요

회갑 여정의 길을 향한 애잔함에 통증이 납니다
피반령 산맥을 먼저 넘으신 아버지 부름에 화답하신 건가요
황급한 발걸음 말 못 할 사정이라도 있으신 겐가요

까만 거미줄이 가득한 어머니 손을 움켜잡아 보고 싶습니다
와락 앉아도 보고 싶은데요
다시는 돌아 올 수 없는 길이라는 걸 정말 모르셨나요
당신은 그곳에서 천수를 누릴 참이셨나요

담벼락 장작은 안주인을 기다리다 지쳐 곰삭아 문드러지고
당신이 벗어 던진 꽃무늬 몸빼바지는

골방 구석쟁이를 맴돌다 가출했습니다

한파 속을 달려와
굳게 닫힌 30년여 전 서랍장을 왜 여시는 지요
어머니!

어머니가 보고 싶습니다
그리운 어머니

이제야 불러 봅니다

고향마을 돌 담장 너머
굽은 허리로 예 정순아 부르던 아버지
바람결에 들려옵니다

어린 나이에 배움의 꿈을 내려놓고
배고픔을 먼저 짊어지고 낯선 도시로의 출발
금강 상류 어부동 나루터 나룻배는
대전행 시외버스를 싣고 금강을 건너간다

가난이 죄처럼 느껴졌고 살아남는 것이
부모를 위하는 길이라 스스로를 위로하던 나

편지 한 장 그마저도 이다음에 라며
내 마음의 문을 닫았다
그리운 얼굴 보고 싶다는 말
한 번 꺼내보지도 못한 채 말입니다
세월은 어느덧 흘러 내 나이 칠십이 넘었고

이제야 알 것 같습니다 그 무거운 짐을 지고

묵묵히 걸어오시던 부모님의 발걸음을

칠십이 되어서 나는 깨닫습니다
손만 잡아도 눈시울 적시던 어머니 눈빛을

효孝란 거창한 것이 아니었음을
함께 밥을 먹고 안부 한마디 묻는 그 순간들이
진정한 효라는 것을

돌아가신 뒤에야 나는 부모님을 부릅니다
그리움이 숲처럼 스미는 이 나이에 비로소

이 늦은 고백이
하늘에 닿을 수 있기를 두 손 모아 봅니다
어머니 아버지 큰 소리로 불러 봅니다

맏딸 정순이가

어머님께 올리는 마음 한 자락

어머님께
안녕하세요 어머님
이제야 안부를 묻습니다
살아 계실 때 살가운 목소리로 전화 한 통
못 드렸는데 시간이 한참 흘러
마음 깊은 곳에 녹물이든 이야기를 꺼냅니다

쓰러질 듯한 초가지붕 아래
흙 방바닥을 엉금엉금 기어다니면서 울던
시누이와 시동생 두 눈이 별처럼 반짝였지요

어머니는 가랑잎 연기 가득한 부뚜막에 앉아
보리를 갈아 시래기를 듬뿍 넣어 보리죽을 쑤시던
당신의 뒷모습이 눈에 선합니다

그 시절 어머님의 며느리도 너무 어렸고
가난이라는 두 글자를 먼지처럼 온몸에 뒤집어쓰고
공장일과 아이들 키우느라 바쁜 일상
어머니 마음을 헤아릴 수 없었습니다

지금 와서 생각해 봅니다
어머님은 저에게 많은 것을 바라지 않았을 터인데

그땐 철이 없어 어머님 곁으로 좀 더 가까이
다가서지 못했던 나 자신을 돌아봅니다

늦었지만 이제라도 이 말을 남기고 싶습니다
고맙습니다 어머니
사랑합니다 어머니
죄송합니다 어머니

가끔 죽집에 들어서면
야채죽 냄새만 맡아도 눈시울이 젖는 요즘입니다
따뜻한 국물 한 그릇에 어머님의 온기가 느껴집니다

다음 생에 다시 태어나 또다시 인연이 닿는다면
어머님께 효孝의 덕목을
실천에 옮기겠다는 다짐을 합니다

둘째 며느리
상진이 엄마
상기 엄마가

어머니께 올리는 마음 한 자락

밭고랑 깻단 터널에서

어머니와 아버지는
햇살이 펼쳐진 밭고랑에 멍석을 펴고 깻단을 묶는다
걸음마를 막 땐 진우 뾰족한 돌 자갈밭 고랑이 놀이터

땀방울에 젖어 이글거리는 태양과 마주 보고
잠이 들기도 하는가 하면
칭얼거리다가 홀로 놀다가 보채던 막냇동생

맏딸인 나는 학교 갔다 돌아오면
책보를 마루에 훅 던지고 동생들을 등에 업는다

논둑 밭둑에 노란 꽃이 돋아난 돌나물과 돌미나리를 뜯어다 저녁 경건이*를 준비하는가 하면 소 꼴 베러 젠마당을 오른다

어머니는 쩍쩍 갈라지는 논두렁을 살피며
논 바닥을 바라보고 한숨 짖지만
어린 시절 부모님 마음을 헤아릴 길 없었고

어느 날 사방은 어둠에 잠기고 농사일에
넋을 빼앗긴 가족들은 막내 진우를 잊어버린다

동네 사람들 한밤중에 들로 야산으로 찾아다녔지만
동생은 걸음마를 배우고 말을 배우기 시작한 아가 진우는
종일 햇살을 받은 깻단 속
삼각형 깻단 터널에서 엉금엉금 기어 나오며
울음을 터트렸다

---

*경건이: 간략한 반찬.

그 밤의 별이 되다

세월이 강물처럼 흘러갔지만
당신의 이름은 아직도 내 가슴에 맺혀있습니다
말라버린 꽃잎 위에 쏟아지는 빗물처럼
당신 그리움이 문득문득 내려앉습니다

어머니 환갑을 축하하기 위해
자손들은 날짜를 잡고 장소를 물색하는 등

당신은 어둠이 밀려오던
음력 시월 어느 날 신장로의 그 밤 틈에서
어머니는 그렇게 별이 되셨습니다

그날 밤 달빛도 슬퍼했고
가로수 나무들도 고개 숙여 침묵하던 밤

당신은 나에게 있어서
늘 바람 같은 사람입니다
보이지 않아도 늘 곁에 있었고

말없이 등을 밀어주던 햇살 속의 숨결입니다

삶이 버거운 날엔
당신의 포근한 눈빛이 내 가슴에 떠오릅니다
그 짧은 말 한마디 괜찮다 괜찮아
지금도 여전히 제 마음을 붙들어 줍니다

어머니
당신은 지금 어디쯤에 가 계신 가요
그곳엔 따뜻한가요 평안하신가요
이 땅 위에 당신의 발자국들이
하늘나라 별빛이 되어 계신가요

당신이 떠나고 저는 작은 기도를 놓습니다
눈물로 적신 이름 하나 어머니
풀잎저림 조용히 보고 싶다고 불러 봅니다

당신의 마지막 한데밤이

세상에서 가장 긴 밤이었다면
부디 그 끝에서 아무 아픔 없는 새벽이기를

지금 내 마음에
당신을 닮은 구름이 흐르고
당신이 품었던 그 바람이 불 때
조용히 눈을 감고 어머니를 그려 봅니다

언젠가 다시 만날 그날까지
당신의 아낌없던 그 사랑을 빛처럼 품고
당신의 사람이 되어 가겠습니다

어머니 사랑합니다

풀잎에 바람이 앉던 날

풀 끝에 바람이 앉던 날
전쟁터에서 생사의 고비를 넘어오신 아버님이
들밭에서 조용히 홀로 눈을 감으셨다

나라를 위해 그대 한 몸
아낌없이 던지셨던 그 젊은 날들
그 기억은 침묵으로 당신 어깨에 내려앉아
햇살처럼 눈 부십니다

차분하고 온화한 성품을 지니신 어르신
늘 말보다 마음을 먼저 내어주시던 분이셨는데

그 웃음 다독이며
그 온화한 숨결로
이제는 바람이 되어 들 길을 걸어오십니다

땀과 희생정신으로 일구신
이 땅 위에서 당신은 마지막까지 서 계셨습니다

아무도 없는 들 밭에서 아무도 모르게
하지만 그 누구보다도 더 굳세게
그대가 품은 그 들판을 기억하면서 말이지요

당신이 조용히 누운 이랑에
그 길 위에 자손들이 이젠 서 있습니다

총알이 빗발치는 전쟁터에서 산을 넘고 넘어
죽음 앞에서도 담대하게 임무를 수행하셨던 아버님
열락 병이라는 혹독한 삶의 경계선에서도
강인함과 온유함을 간직하신 아버님

총성이 갈라지던 하늘 아래
핏물이 빗물처럼 흐르는 산길 들길을 밟고
국가를 위한 다급한 한 걸음 또 한걸음 보태며
빗발치는 대포 소리에 목숨을 등에 메고
굽이굽이 산을 넘어야만 했던 어른

당신은 죽지 않았습니다

당신은 살아남았습니다
그는 성내지도 않았습니다
원망 한 줄 남기지 않았습니다

들풀처럼 웃고 흙처럼 품어 앉았고
오늘 들판 위로 바람이 지나갑니다
산을 넘어선 그대의 숨결인가 봅니다

힘겨웠던 삶과 아픈 그리움 모두 내려놓으시고
대전 현충원에 평안히 잠드시기를 기원 드립니다

둘째 며느리가

아버지 뵙고 싶습니다

당신이 먼 길 떠나시던 그날
아카시아 향기 고향 마을에 가득 했습니다
그대는 저 멀리 저 건너로 발걸음 옮기시는데 말입니다
오늘따라 왜 이리도 아버지가 보고 싶은지 모르겠습니다

그저께 심은 모 포기는 파르스름한 물빛이 돋아나고
논과 밭 산야에 그대 발길 닿지 않은 곳이 없는데

불편한 몸 지탱해 가며 집안 곳곳을 살피시고
당신이 살아 있을 때 손 봐야 된다던 아버지

동네 사람들 흰 두건 머리에 질끈 매고
고인의 고단했던 삶의 무게까지 어깨에 둘러멥니다

놋쇠 방울 구령 추임새 소리에 발걸음 맞추는 행상 행렬
뒷걸음질 치다가 앞걸음질 치며 어 허 어 허 아
구슬픈 선소리 이제 가면 언제 오나 어 허 어 허 아
고샷길 어디쯤에 털푸덕 주저앉는 꽃상여

텃논을 휘둘러 갱변 논배미를 향해 내려갑니다
오월 뜰 안에 아카시아 향기 잔득인데 말입니다

고즈넉한 소나무 산색 아래 풀빛 물들이며
평안히 계시 온 지 아버지 뵙고 싶습니다

아버지 임종

불현듯 운명을 달리하신 아버님
당신이 가시던 그날 종일 장맛비가 내렸습니다

평소에 지병이나 병명 하나 없이
노년의 삶을 영위하셨는데
별안간 아버님 임종 소식을 듣습니다

자식으로써 놀라움 감추지 못했고
가족들은 차분함을 유지해야만 했습니다
신속한 장례 절차에 대응해야만 했습니다

판교에서 주민등록등본 퇴거
동시에 이원에서 전입까지 당신의
안타까운 혼령을 위로하며 짐을 꾸립니다

죽음 앞에 초연할 사람 그 누구일까요
앞산 기슭에 노을빛 장장하고
자손들 얼굴이 손에 잡힐 듯 아렴풋했을 아버님
이승과 저승의 경계선을 가르는 무궁화 열차 소리
밭고랑 나무 그늘아래서 홀연히 눕는 노목입니다

한 장의 유언도 없이
한마디 말씀도 없이
비스듬한 그루터기처럼
당신은 밭고랑에서 홀로 임종을 맞이했습니다

바쁘다는 핑계로 안부와 소통의 부재
칠십이 되어서야 자신을 돌아봅니다
아버님을 꿈길에서 뵙는 날 마음에 그늘이 앉습니다

나라를 위해 헌신하시고 희생하신
국가유공자 당신이 명예롭고 자랑스럽습니다

인생이라는 시대적 애환 속에
심기일전하시며 살아오신 아버님이 훌륭하십니다

이승의 고달픔과 그리움 모두 내려놓으시고
순국선열과 호국영령들이 잠들은
대전 현충원 뜰 안에서
평안한 영면永眠에 드시길 기원 드립니다

둘째 며느리

나를 만나는 순간

지금까지 살아온 삶의 껍질 속에서
편집되지 않은 내면의 자아가 깨어난다

나는 거울을 바라본다 거울 속에서 또 다른
나가 천천히 모습을 드러낸다

나
이 얼굴이 나였어 익숙하지만
낯선 눈동자 왜 이제야 너를 보는 거지

내면의 자아
네가 늘 찾고 있었지만, 감히 마주하지 못한 나야
너는 바깥을 향해 살아왔고
나는 안쪽에서 조용히 기다렸단다

나
너는 누구야
내 안에 있으면서 왜 말하지 않았지

내면의 자아

나는 너의 진심, 너의 두려움, 너의 바람, 너의 외침이야.

하지만 너는 세상이 원하는 네가 되기 위해 나를 지웠지

그래, 나는 늘 남의 기준에 맞추며 살아왔어

좋은 사람, 강한 사람, 괜찮은 사람처럼 보이려고

내면의 자아

그러나 너는 너를 잃었고

나는 더 깊이 숨어 들었지

하지만 기억해. 나는 너를 포기한 적 없단다

언제나 네가 돌아오길 기다렸어

눈을 감고, 깊은 숨을 쉰다

이제야 알겠어. 진짜 나는 너였구나.

상처 입은 채로도, 불안전한 채로도 충분히 아름다웠다는 것을

내면의 자아
이제 나와 함께 살아 더는 나를 감추지 마
우리는 하나였고, 하나가 되어야 비로소 완전해.

나와 내면의 자아가
거울을 사이에 두고 마주 선다
그리고 거울이 사라진다 우리는 하나로 합쳐졌다

나는 나를 만났다 오래된 침묵 끝에 진실한 나를
이제부터는 진정한 나로 살겠다고 다짐한다

짧은 희곡

이 시의 핵심은 그림자의 존재를 남게 하는 일이다.
어떤 환영일지라도 내 안의 것으로 명명한다.
그림자는 '나'이고 나는 소멸되지 않는 그림자인 것이다.

-「작품해설」중에서

작품해설

할머니 속 고쟁이 창고

지연희

| 작품해설 |

할머니
속 고쟁이 창고

지연희 (시인, 前한국여성문학인회 이사장)

노정순 시인의 제2 시집을 출간하고 있다. 뜨거운 문학정신의 열정이 불꽃처럼 상승하고 있다. 지난 1년의 시간이 다 지나기도 전에 제2집 『물에 젖지 않는 그림자』를 상재 하고 있다. 혼신을 다한 신작들의 면면이 삶의 서사로 구축되어진 작품들이다. 영국의 시인이며 평론가인 아놀드 Matthew Arnold 는 시는 인생 비평이다. 라고 말했다. 또한 워츠 던튼은 Watts-Dunton '시란 인간 정신의 예술적 표현이다'라고 밀히였다. 아놀드나 워츠 던튼의 인생 비평과, 예술적 표현의 언급은 시를 쓰는 사람들에게는 절대적인 교과서 이라고 말할 수 있다.

빛의 결

유리창을 건너온 빛살이

유리잔을 비스듬히 건넌다

물결이 가만히 흔들리고
그 안에 고인 시간이 미소 짓는다

나는 이 세상 모든
평화를 마시는 중이다

― 시 「유리잔의 오후」 전문

늦가을

누렇게 농익은
엉겅퀴 말 가시에 찔리고 말았다

쓰라린

말의 상처가
도토리 껍데기 생즙 짜내는 듯하다

뾰족한 말에
뾰족한 대응책이 없구나

토닥토닥

― 시 「말」 전문

| 작 품 해 설 |

　시 「빛의 결」은 한 낮의 고요 속에 앉아 있는 시인의 정서가 유리창이라는 사물을 빛살의 결로 은유하고 있다. 유리창을 건너온 빛살이거나 유리잔을 비스듬히 건네는 동적 움직임의 현상을 시인은 함축하여 담아내고 있다. 유리잔 안에 담긴 물결이 가만히 흔들리고 물결 안에 고인 시간이 미소를 짓고 있다. 이 시의 실체는 유리잔 안에서 일어나는 온갖 움직임들이 시인의 상상의 세계로 성립되고 있다. 유리창을 건너는 빛살이거나 유리잔을 비스듬히 건너는 동적 움직임의 형상은 시인의 심도 깊은 상상력이다. 유리잔 안에 담긴 물결이 가만히 흔들리고 물결 안에 고인 시간이 미소를 짓는다. 세상에 존재하는 모든 평화를 마시는 유리잔의 오후를 홀로 고요히 음미하고 있다.

　늦가을이다. 누렇게 농익은 가을 낮 두 사람의 대화일 듯 싶다. 엉겅퀴 가시에 찔린 말의 상처에 아파하고 있다. 그 상처는 '도토리 껍데기 생즙 짜내'는 통증이다. 어이없이 급습을 당한 일이어서 대응조차 할 수 없었다는 일이다. '뾰족한 말에/ 뾰족한 대응책이 없구나 하며// 토닥 토닥' 자신에게 위로를 하고 있다. '말 한마디에 천 냥 빚을 갚는다는 명구가 있다. 쓰라린 아픔을 이기는 일도 거룩한 묘책이 된다.

감나무 잎 새순이 반짝반짝
실눈을 틔우던 어느 봄날 오후

똥 머리를 정갈하게 묶어 올리시고
검정치마 하얀 적삼
단아하시던 할머니

삽작걸에서 예 정순아 불으신다
목소리가 들리는 곳으로 달려갔는데
속 고쟁이에 보물창고 문이 열리고
고소한 냄새가 달려든다

할머니는 알록달록한 과자를 내 손에 꼭 쥐여 주며
정순아 맛있지 체할라 천천히 먹어라
어깨를 쓰담 거리시던 할머니

동네잔치가 열리는 날이면
할머니는 고쟁이에 비밀 주머니를 만든다
　　　　　　　－시「할머니 속 고쟁이 창고」전문

너울성 파도 물매질
등대지기를 덮치고 갯바위를 훌쩍 넘어선다
바다 깊숙이 앙금이 내려앉고
냉혹한 입매 바람 차디찬 눈매 바람이 소용돌이칠 때
뒷산에 푸른 달 덩두렷이 솟아올랐다

| 작 품 해 설 |

> 바다는 소낙비에 젖지 않았다
> 거센 파도 소리에 놀라지 않았다
> 너울성 파도 물매질에 더욱 고요했다
> 갈앉은 글 조각 끌어 올리는 작업에 몰두했다
> 침묵의 습격자 하얀 파도 물매질
> 지나가는 길손이라고 잠시 머물다 가는 길손이라고
>
> 그럼에도 불구하고
> 꽃 거품 쪽물을 우리다
> – 시 「너울성 파도 물매질」 전문

  시 「할머니 속 고쟁이 창고」를 감상하면서 저 먼 추억의 시절을 소환하지 않을 수 없었다. 동네잔치 날이면 할머니의 속 고쟁이 주머니는 비밀 창고가 된다. '감나무 잎 새순이 반짝반짝/ 실눈을 틔우던 어느 봄날 오후// 똥 머리를 정갈하게 묶어 올리시고/ 검정치마 하얀 적삼/ 단아하시던 할머니// 삽작걸에서 예 정순아 불으신다/ 목소리가 들리는 곳으로 달려갔는데/ 속 고쟁이에 보물창고 문이 열리고/ 고소한 냄새가 달려든다// 할머니는 알록달록한 과자를 내 손에 꼭 쥐여 주며/ 정순아 맛있지 체할라 천천히 먹어라/ 어깨를 쓰담 거리시던 할머니' 노정순 시인의 시는 저 먼 기억의 훈훈한 정취를 소환하고 있다. 가난하지만 선한 사람들의 따뜻한 마음을 읽게 된다. 그 시절에는 이 집에서나 저 집에서도 서로 힘든 일을 나누는 품앗이를 했다. 또한 손자들을 부르는 할머니들이 적지 않았다.

'너울성 파도 물매질/ 등대지기를 덮치고 갯바위를 훌쩍 넘어 선다/ 바다 깊숙이 앙금이 내려앉고/ 냉혹한 입매 바람 차디찬 눈매 바람이 소용돌이칠 때/ 뒷산에 푸른 달 덩두렷이 솟아올랐'다는 시「너울성 파도 물매질」은 결렬한 바다의 물매질로 갯바위를 훌쩍 뛰어넘고 있을 때. 뒷산에 푸른 달이 덩두렷이 솟아올랐다고 한다. 바다는 격렬한 기세로 파도를 치지만 '바다는 소낙비에 젖지 않았다'는 것이다. 거센 파도 소리에 놀라지 않고. 너울성 파도 물매질에 더욱 고요했다고 한다. 이 시는 '너울성 파도와 냉혹한 입매 바람 차디찬 눈매 바람' 의도를 분석해야 한다. 거센 파도 소리에 놀라지 않는 바다의 강인한 의지를 견디어온 시인의 삶의 역사로 분석되어 진다. 냉혹한 입매 바람 차디찬 눈매 바람을 이겨내어 덩두렷이 솟아 올릴 수 있는 푸른 달덩이의 환한 빛을 밝히고 있는 때문이다.

> 고요한 이른 아침 법당 뜰 가에
> 하얀 불두花 피었네
> 그 자태 마치 여래의 미소 같고
> 그 향기 무념의 경지 속으로 이끈다

| 작 품 해 설 |

속세의 바람도 머물다 가고
풀벌레조차 합장하고 기도 한다네
꽃잎에 담긴 자비심이
고요히 중생의 마음을 씻어 준다

머리 숙인 듯 겸허한 그 모습
어리석음도 그 앞에선
부끄러워 물러간다
불두花여 너는 진실로 부처의 머리 아닌가

하나 피어나 천의 마음을 밝히고
지듯이 져도 법음法音은 머무른다
무상 속에도 영원을 품은
불두花 큰 깨닳음이다
            – 시 「불두花」 전문

사월호수공원에 마들렌 내음 드로잉
생동감 넘치는 초록 재킷 뮤지컬
감미로운 만돌린 현악기 선율이 파워풀하고 역동적이다
봄 처녀 오케스트라 정기연주 공연 연습에 여념이 없는데
속달 초대장 받은 진달래꽃 무리
호수공원 언덕배기에 소녀 젖가슴처럼 봉긋히게 솟아 있다
간간이 펼쳐지는 꽃잎 무도회 무르익어갈 때
우주의 환희에 화답하는 다채로운 호수 물빛 종합 예술단이다
독보적인 창꽃 교향곡 사랑스럽다
사계절 그려지는 시각적 점 선 색채 도형들이

> 호수공원에 펼쳐진 녹색 혈관을 타고
> 삼동三冬을 넘어선 개나리꽃 만개하다
> 실 가지에 파릇파릇 봄빛이 돋아나면
> 풋풋한 첫사랑 호수공원을 거닐고
> 붓 초가리**를 닮은 꽃봉오리 사월 호수공원에서
> 실시간 퍼포먼스를 하고 있다
> — 시 「사월호수공원」 전문

시 「불두花」는 고요한 법당 앞에 고즈넉이 피어있는 풍성한 꽃송이를 연상하게 된다. 바람에 흔들리는 맑은 풍경소리가 심신을 평화롭게 하는 날이면 마음은 청명한 하늘처럼 고요해진다. 시 「불두화」는 꽃이 다 핀 모습이 부처의 머리 같다하여 법당의 뜰에는 하얀 불두화를 심고 있다. '속세의 바람도 머물다 가고/ 풀벌레조차 합장하고 기도 한다네/ 꽃잎에 담긴 자비심이/ 고요히 중생의 마음을 씻어 준다// 머리 숙인 듯 겸허한 그 모습/ 어리석음도 그 앞에선/ 부끄러워 물러간다/ 불두花여 너는 진실로 부처의 머리 아닌'가 두 손 모아 합장하는 시인의 기도가 경건하다.

경기도 일산에 가면 호수 공원이 있다. 사십 년 전 인공호수로 도심의 경관을 개발하기 시작하여 시민들의 휴식 공간으로 발전하고 있다. 노정순 시인의 탐방기의 섬세한 사례와 같이 일산 호수공원은 경기도 일원의 공원에 비교

| 작 품 해 설 |

할 수 없는 아름다움과 문화예술 활동 등 생동감 넘치는 공연으로 주민들의 쉼터로 이용되고 있다. '생동감 넘치는 초록 재킷 뮤지컬/ 감미로운 만돌린 현악기 선율이 파워풀하고 역동적이다/ 봄 처녀 오케스트라 정기연주 공연 연습에 여념이 없는데/ 속달 초대장 받은 진달래꽃 무리'등의 실시간 퍼포먼스가 이어지고 있다. 사월의 호수공원은 물빛 종합 예술단 이라고 한다.

> 당신은 누구신가요
> 몸이 불편하다는 인편 소식에 어리둥절합니다
> 아카시아 향기 부서지는 오월에
> 풀 향기처럼 건너오는 소식인데 말입니다
>
> 산색이 여물어 가는 언덕에
> 숲과 동행하고 있다는 소식
>
> 송학 가루와 흙먼지가 달려들고
> 언덕 넘어 풀잎이 반겨주는 가장자리
> 그곳에 머문다고 하기에
> 나는 그곳으로 다급하게 움직여 봅니다
>
> 산새들과 허물없이 지내고 있다는
> 당신은 대체 누구 십니까
> 자연인으로 살고 있다는 당신은 누구신가요
> － 시「당신은 누구신가요」전문

사랑스럽구나
네가 너무도 사랑스러워
사랑한다고 말도 못했단다

너는
점점 더
사랑스럽게 성장 하는구나

너는
점점 더
늠름하고 겸손하기까지 하네

지금 그 모습 그대로
충분히 너는 나에게 든든한 존재다

성장기에는 좀 서툴러도
때로는 좀 실수를 하더라도

그 모습까지도
사랑스럽단다 너이기 때문에
  － 시 「사랑스러운 너에게」 전문

'당신은 누구신가요' 질문으로 시작되는 이 시는 어떤 특정한 대상을 향한 서러움이나 무관심에 대한 역설이다. '당신은 누구신가요'는 마치 어디에 갔다가 이제 왔느냐

| 작 품 해 설 |

하는 원망 짙은 설법이다. '몸이 불편하다는 인편 소식에 어리둥절합니다/ 아카시아 향기 부서지는 오월에/ 풀 향기처럼 건너오는 소식인데 말입니'다의 언급은 그리움 가득했던 '당신'을 반갑게 맞이하는 인연의 사람이지 싶다. '송학 가루와 흙먼지가 달려들고/ 언덕 넘어 풀잎이 반겨 주는 가장자리/ 그곳에 머문다고 하기에/ 나는 그곳으로 다급하게 움직여 봅니다. 다급하게 움직여 그가 있다는 곳으로 달려가는 그녀의 심정을 수렴하게 된다.

'사랑스럽구나/ 네가 너무도 사랑스러워/ 사랑한다고 말도 못했단다// 너는/ 점점 더/ 사랑스럽게 성장 하는구나// 너는/ 점점 더/ 늠름하고 겸손하기까지 하네// 지금 그 모습 그대로/ 충분히 너는 나에게 든든한 존재'다. 시 「사랑스러운 너에게」는 시인의 아들과 엄마의 대화이다. 때로는 아픔으로 보살피기가 소홀하여 사랑을 채우지 못할 때도 있었지만 엄마는 언제나 어디서나 사랑스럽지 않을 수 없다. 그 어떤 모습이라도 네가 사랑스러운 존재이다.

물에 젖지 않는 그림자
그 물결은 그림자처럼 흔들렸고
빛은 늘 그림자를 피했다

나는 손을 뻗었지만

그 그림자는 젖지 않았다
촉감도 온기도 감정도 이름도 없이
다만 나를 닮은 방향으로 흘렀다

다른 사람은 말한다
그건 너의 환영이라고
하지만 환영은 숨을 쉬지 않는다
그림자는 내 안의 가장 소중한 움직임이다

깊은 밤 나는 종종
깊은 물속의 그림자를 마음속에 떠올린다
침묵보다 더 낮은 곳에서
나조차 버린 말들이 다시 숨 쉬는 그곳

그리고 언젠가 나는
그 그림자를 벗겨내지 못하고
그곳에 닿을 것이다
닿을 수 없기에 끝내 나를 따라오는 그림자
　　　　　　　　－시 「물에 젖지 않는 그림자」 전문

　시 「물에 젖지 않는 그림자」는 이상의 세계를 여는 꿈의 공간이다. 물에 젖지 않는 그림자를 분석한다면 나에게 오지 않는 너에 대한 갈증이다. 까닭에 시 4연에서 화자는 종종 깊은 물 속의 그림자를 떠 올린다. 물에 젖은 그림자를, 내 안에 빠뜨려 흠뻑 젖은 그림자를 만나기 위함이다. '나

| 작 품 해 설 |

는 손을 뻗었지만/ 그 그림자는 젖지 않았다/ 촉감도 온기도 감정도 이름도 없이/ 다만 나를 닮은 방향으로 흘렀다// 다른 사람은 말한다/ 그건 너의 환영이라고/ 하지만 환영은 숨을 쉬지 않는다/ 그림자는 내 안의 가장 소중한 움직임이'다 라고 화자는 단호하게 제시한다. 궁극적으로 이 시의 핵심은 그림자의 존재를 품에 안고 싶어 하는 일이다. 어떤 환영일지라도 내 안의 것으로 명명한다. 그림자는 '나'이고 나는 소멸되지 않는 그림자인 것이다.

노정순 시인은 삶의 여정을 단단한 의지로 시작하고 최선을 다한 노력으로 경이로운 목적을 이루어낸 철의 여인이다. 꿈꾸었던 학업을 마치고 탄탄한 시인으로 우뚝 성장한 오늘의 모습이 아름답다.

물에 젖지 않는 그림자

RAINBOW | 125

물에 젖지 않는 그림자

노정순 시집